AF228645

Lerner SPORTS EN ESPAÑOL

LOS MEJORES JUGADORES DE TODOS LOS TIEMPOS

G.O.A.T. PORTEROS DE FÚTBOL

ALEXANDER LOWE

ediciones Lerner ◆ Mineápolis

Traducción al español: copyright © 2025 por Lerner Publishing Group, Inc.
Título original: *G.O.A.T. Soccer Goalkeepers*
Texto: copyright © 2022 por Lerner Publishing Group, Inc.
La traducción al español fue realizada por Zab Translation.

Todos los derechos reservados. Protegido por las leyes internacionales de derecho de autor. Se prohíbe la reproducción, el almacenamiento en sistemas de recuperación de información y la transmisión de este libro, ya sea de manera total o parcial, por cualquier medio o procedimiento, ya sea electrónico, mecánico, de fotocopiado, de grabación o de otro tipo, sin la previa autorización por escrito de Lerner Publishing Group, Inc., exceptuando la inclusión de citas breves en una reseña con reconocimiento de la fuente.

ediciones Lerner
Una división de Lerner Publishing Group, Inc.
241 First Avenue North
Mineápolis, MN 55401, EE. UU.

Si desea averiguar acerca de niveles de lectura y para obtener más información, favor consultar este título en www.lernerbooks.com.

Fuente del texto del cuerpo principal: Aptifer Sans LT Pro.
Fuente proporcionada por Linotype AG.

Library of Congress Cataloging-in-Publication Data

Names: Lowe, Alexander, author.
Title: G.O.A.T. porteros de fútbol / Alexander Lowe.
Other titles: G.O.A.T. soccer goalkeepers. Spanish | Greatest of All Time porteros de fútbol
Description: Mineápolis : ediciones Lerner, 2025. | Series: Los mejores jugadores de todos los tiempos | Includes bibliographical references and index. | Audience: Ages 7–11 | Audience: Grades 2–3 | Summary: "Prepare to field one of the toughest questions in soccer: Who is the greatest soccer goalkeeper of all time? Goalkeepers might be soccer's most important players. Learn about incredible goalkeepers and the saves, scoreless streaks, and championships that make them the greatest of all time. Go deep with stats and action-packed text to discover the best soccer goalkeepers of the past and present in a fun, top-ten format. Study the evidence for yourself, and research your own G.O.A.T. list. Then have fun convincing your fellow soccer fans that your list is the best! Now in Spanish!"— Provided by publisher.
Identifiers: LCCN 2024022570 (print) | LCCN 2024022571 (ebook) | ISBN 9798765643969 (library binding) | ISBN 9798765661291 (paperback) | ISBN 9798765651667 (epub)
Subjects: LCSH: Soccer goalkeepers—Juvenile literature. | Soccer—Goalkeeping—Juvenile literature. | Soccer players—Rating of. | Soccer—History—Miscellanea—Juvenile literature.
Classification: LCC GV943.9.G62 L6818 2025 (print) | LCC GV943.9.G62 (ebook) | DDC 796.334092—dc23/eng/20240530

LC record available at https://lccn.loc.gov/2024022570
LC ebook record available at https://lccn.loc.gov/2024022571

Fabricado en los Estados Unidos de América
1-1010980-52430-6/5/2024

CONTENIDO

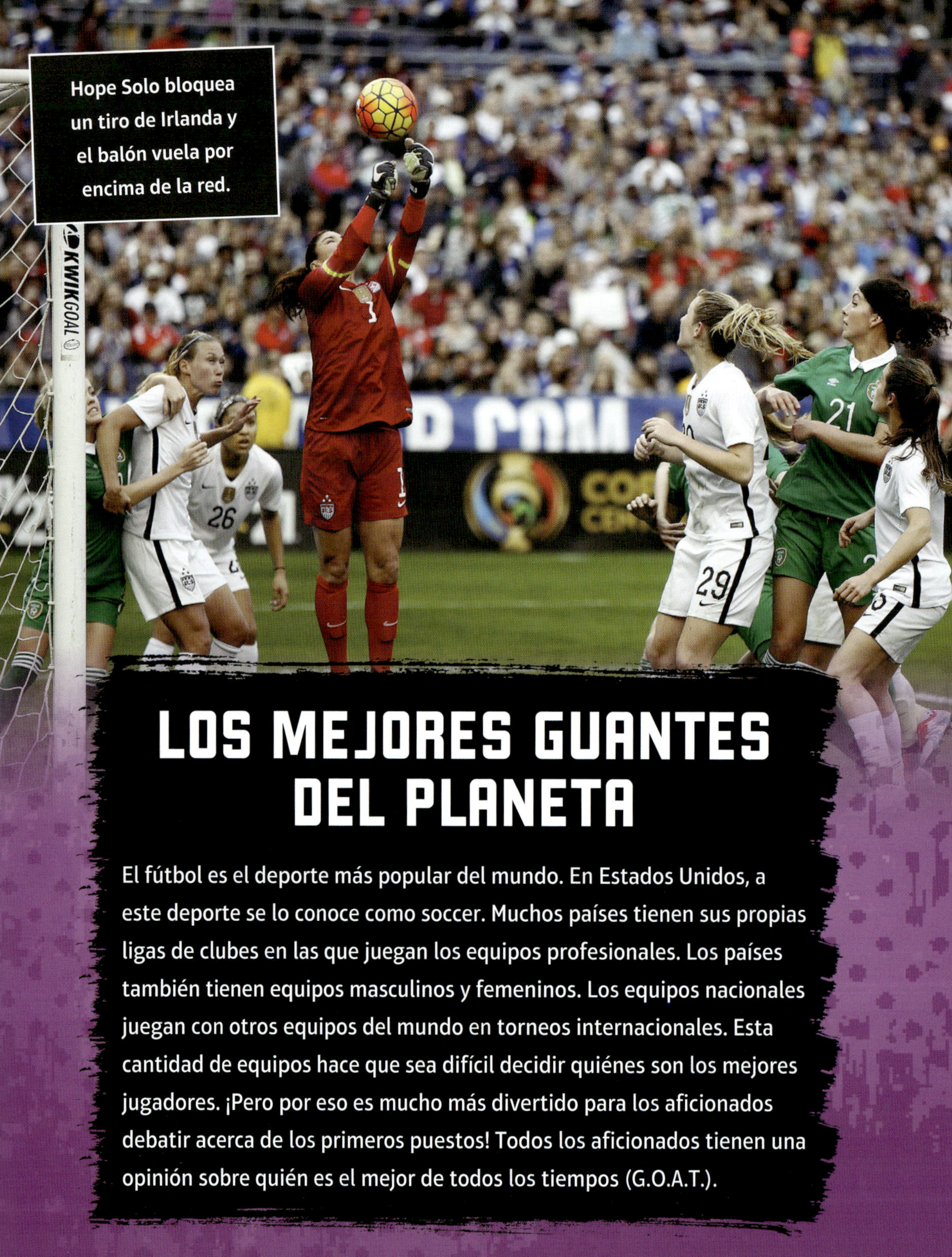

Hope Solo bloquea un tiro de Irlanda y el balón vuela por encima de la red.

LOS MEJORES GUANTES DEL PLANETA

El fútbol es el deporte más popular del mundo. En Estados Unidos, a este deporte se lo conoce como soccer. Muchos países tienen sus propias ligas de clubes en las que juegan los equipos profesionales. Los países también tienen equipos masculinos y femeninos. Los equipos nacionales juegan con otros equipos del mundo en torneos internacionales. Esta cantidad de equipos hace que sea difícil decidir quiénes son los mejores jugadores. ¡Pero por eso es mucho más divertido para los aficionados debatir acerca de los primeros puestos! Todos los aficionados tienen una opinión sobre quién es el mejor de todos los tiempos (G.O.A.T.).

DATOS DE INTERÉS

- » EN LA COPA MUNDIAL FEMENINA DE 2015, **HOPE SOLO** NO PERMITIÓ QUE LE HAGAN UN SOLO GOL ENTRE EL PRIMER PARTIDO DEL TORNEO Y LA FINAL.

- » **DINO ZOFF** FUE EL JUGADOR DE MÁS EDAD EN GANAR LA COPA MUNDIAL.

- » **IKER CASILLAS** (*EN LA FOTOGRAFÍA ABAJO*) ASEGURÓ SUS MANOS CON UNA PÓLIZA DE SEGURO.

- » **LEV YASHIN** ES EL ÚNICO PORTERO DE LA HISTORIA QUE GANÓ EL PREMIO AL JUGADOR EUROPEO DEL AÑO.

El fútbol tiene una larga historia. Algunas formas de este juego tienen casi 2000 años. Las reglas modernas comenzaron en el siglo XIX, momento en el que se establecieron muchas de las reglas actuales para los porteros. Para el siglo XX, a las personas de todo el mundo les encantaba el deporte.

Al portero también se lo llama guardameta o arquero. Es una de las posiciones más importantes del campo de juego. El portero es el único jugador que tiene permitido usar las manos. Usan una camiseta de un color diferente que el resto del equipo. Esto es para que los réferis sepan quién tiene permitido agarrar el balón.

El portero solo puede tocar el balón dentro del área del penal, que es un rectángulo que rodea la portería. Si el portero toca el balón con la mano fuera de ese rectángulo, le corresponde el balón al otro equipo.

En el último segundo posible, Gianluigi Buffon de Juventus desvía un tiro de penal antes de que cruce la línea de gol.

Los porteros de este libro son algunos de los mejores de todos los tiempos. Es posible que a ti y a tus amigos les gusten más otros jugadores. Quizás algunos deportistas importantes no estén incluidos. ¡Eso está bien! De eso se trata debatir sobre los deportes.

Gianpiero Combi (*arriba a la derecha*) jugó toda su carrera deportiva para el equipo de fútbol italiano Juventus. Juventus forma parte de la Serie A, la mayor liga de clubes italianos. Hasta el día de hoy, Juventus es uno de los clubes más populares del mundo. Combi tuvo un papel importante en este éxito. Jugó para Juventus durante 13 años. Durante ese tiempo, ayudó a su equipo a ganar cinco campeonatos italianos, cuatro de ellos fueron seguidos.

Combi también jugó 47 partidos internacionales para el equipo nacional de Italia. Sus partidos más importantes fueron en la Copa Mundial de 1934. Italia ganó el torneo ese año, y Combi fue el portero del equipo ganador. Muchos aficionados consideran que es uno de los mejores jugadores italianos de todos los tiempos.

Combi no permitió que le hicieran un gol durante la temporada de 1925–1926 durante 934 minutos seguidos. Pocos porteros italianos han igualado o superado este número. Muchos grandes porteros jugaron en la misma época que Combi, pero ninguno pudo compararse con su grandeza.

ESTADÍSTICAS DE GIANPIERO COMBI

⚽	Victorias en partidos internacionales	31
⚽	Portería imbatida en partidos internacionales	13
⚽	Portería imbatida en partidos con clubes	145
⚽	Minutos jugados en la carrera	31 680

DINO ZOFF

Durante varios años, muchos consideraron al italiano Dino Zoff uno de los porteros más grandes de todos los tiempos. Fue el primer portero en ser capitán de un equipo que ganó la Copa Mundial. En el ámbito de los clubes, jugó para Juventus. Ganó seis títulos de la liga mientras estuvo en Juventus.

Zoff ganó la Copa Mundial cuando tenía 40 años de edad. Eso lo convirtió en el jugador de mayor edad en ganar el título. También mantuvo el récord de más minutos jugados en disputas internacionales sin que le hicieran un gol. Durante 1143 minutos seguidos desde 1972 hasta 1974, detuvo todos los balones que le tiraron.

En 2003, Italia nombró a Zoff como el jugador más grande de los últimos 50 años. Muchos grandes jugadores son originarios de Italia, de modo que este es un honor enorme. Zoff era conocido por jugar fútbol inteligente, ya que siempre tomaba buenas decisiones en la meta. Después de retirarse, Zoff se convirtió en el entrenador del equipo nacional italiano. Es muy conocido y querido en Italia. Los aficionados de todo el mundo respetan a Zoff como uno de los porteros más grandes que alguna vez haya jugado el deporte.

ESTADÍSTICAS DE DINO ZOFF

Portería imbatida en partidos internacionales	62
Total de partidos internacionales de su carrera	112
Porcentaje de portería imbatida	48,8
Victorias en partidos internacionales	62

NADINE ANGERER

Nadine Angerer es una verdadera leyenda alemana. Toda su carrera fue impresionante. Pero nada se compara con su desempeño en la Copa Mundial femenina de 2007. Ese año marcó un récord. No permitió que le convirtieran un gol durante 540 minutos seguidos. En seis partidos completos contra las mejores jugadoras del mundo, Angerer detuvo cada balón que se le acercó.

La Copa Mundial femenina de 2007 no fue su único gran desempeño. En el Campeonato Europeo de 2013, solo le pudieron hacer un gol. Se retiró del equipo nacional alemán en 2015 después de participar en 146 partidos internacionales. Con Angerer en la portería, Alemania ganó dos Copas Mundiales femeninas y cinco títulos europeos. También ganó siete títulos de la liga durante su carrera en clubes. En 2014, Angerer se convirtió en la primera portera en ser nombrada Jugadora del Año de la FIFA.

ESTADÍSTICAS DE NADINE ANGERER

 Total de partidos internacionales de su carrera — 146

 Edad en su debut internacional — 17

 Títulos en la Copa Mundial femenina — 2

 Minutos en los que no se le convirtió un gol — 540

HOPE SOLO

Hope Solo es la mejor portera estadounidense de todos los tiempos. Sus logros son casi demasiados como para nombrarlos todos. Fue la fuerza que impulsó al equipo nacional femenino de Estados Unidos a convertirse en uno de los más grandes del mundo.

Solo y el equipo estadounidense ganaron medallas de oro en los Juegos Olímpicos de 2008 y 2012. En las Olimpíadas de 2012, solo 1 de 13 tiros lograba abatir a Solo. También ganó el premio Guante de Oro en la Copa Mundial femenina de 2011. Este premio se entrega a la mejor portera del torneo.

En 2015, Solo tuvo un desempeño aún mejor en la Copa Mundial femenina. Contuvo a sus oponentes durante casi 540 minutos. No permitió que le hicieran un solo gol entre el primer partido del torneo y la final. Esta actuación hizo que obtuviera su segundo Guante de Oro seguido.

Solo era conocida por su estilo de juego temerario. Nunca tenía miedo de avanzar contra las jugadoras contrarias. Usaba su tamaño y su habilidad para desviar el balón. Solo tuvo muchas salvadas excelentes en las que se estiró hasta el otro extremo de la portería y desvió el balón. El fútbol femenino del mundo no ha tenido nunca otra portera cuya capacidad atlética se compare con la de Solo.

ESTADÍSTICAS DE HOPE SOLO

Portería imbatida en su carrera	102
Total de partidos internacionales de su carrera	202
Victorias en partidos internacionales	153
Edad en su debut internacional	19

MANUEL NEUER

Aunque Manuel Neuer nació en 1986 y es uno de los jugadores más jóvenes de esta lista, ya ha probado ser uno de los más grandes de todos los tiempos. Una de las causas por las que Neuer sobresale por encima de los demás jugadores es su pase. Muchos porteros son muy buenos para detener el balón y que no entre a la red. Neuer también es grandioso cuando toma el balón que atrapa y convierte la situación en posibilidades de anotar para su equipo.

Con rapidez les pasa el balón a sus compañeros para seguir el juego. Una y otra vez, ha ayudado a su equipo a anotar después de parar un tiro.

Neuer fue reconocido como el mejor portero en la Copa Mundial de 2014. Ganó ese premio nuevamente en el Campeonato Europeo de 2020. En ambos torneos, su juego poderoso desvió muchos de los tiros a la portería de los otros equipos. En partidos importantes en el Campeonato Europeo de 2012, Neuer tuvo salvadas extraordinarias que rápidamente llevaron a goles para su equipo. En 2020, fue nombrado mejor portero masculino por la FIFA.

ESTADÍSTICAS DE MANUEL NEUER

Victorias en partidos internacionales	57
Portería imbatida en partidos internacionales	43
Total de partidos internacionales de su carrera	98
Porcentaje de portería imbatida	46,2

PETER SCHMEICHEL

La liga profesional de clubes de Inglaterra, la Premier League, es una de las ligas de fútbol más populares del mundo. Y Peter Schmeichel probablemente sea el mejor portero de la Premier League de todos los tiempos. En la década de 1990, Schmeichel ayudó a conducir al Manchester United a grandes éxitos en la Premier League. El equipo ganó cinco títulos de la liga. También ganaron la Champions League, que es una competencia de todos los clubes europeos, en 1999.

Schmeichel también fue impresionante en el ámbito internacional. Fue el jugador con mayor participación en partidos internacionales para el equipo nacional de Dinamarca. Jugó 126 veces para Dinamarca. Su mejor desempeño internacional fue en el Campeonato Europeo de 1992. Schmeichel ayudó a su equipo a obtener una victoria contra todo pronóstico ante Alemania, el mejor equipo del mundo en ese momento.

La agresividad de Schmeichel lo llevó a marcar 11 goles durante toda su carrera. ¡La mayoría de los porteros estaría fascinado con convertir solo uno! Cuando su equipo necesitaba desesperadamente convertir un gol, dejaba su posición en la portería y usaba sus habilidades para ayudar a la ofensiva. Fue un portero poderoso y una verdadera fuerza ante la red.

ESTADÍSTICAS DE PETER SCHMEICHEL

Victorias en partidos internacionales	35
Portería imbatida en partidos internacionales	38
Total de partidos internacionales de su carrera	126
Porcentaje de partidos con portería imbatida	41

OLIVER KAHN

Los seguidores de Oliver Kahn lo llaman El Titán. Su sobrenombre se debe a su estilo de juego agresivo. Muchos otros porteros se contentan con relajarse y esperar el ataque. Pero Kahn es conocido por correr a los jugadores del equipo contrario para quitarles el balón antes de que tengan la posibilidad de patear. Este arriesgado estilo de juego le ha reportado grandes éxitos. En su carrera en las ligas de clubes alemanes, Kahn ganó 21 trofeos. Muchos de ellos fueron campeonatos internacionales. Ocho fueron campeonatos de la liga.

Kahn también llegó a la final de la Copa Mundial con el equipo nacional alemán en el año 2002. Alemania perdió, pero Kahn ganó el premio Balón de Oro como mejor jugador de la Copa Mundial. Kahn es el único portero que ha ganado el premio. Ningún otro jugador alemán ha igualado su dominio.

ESTADÍSTICAS DE OLIVER KAHN

Victorias en partidos internacionales	47
Portería imbatida en partidos internacionales	29
Total de partidos internacionales de su carrera	86
Porcentaje de salvadas en su carrera	77

IKER CASILLAS

En lo que se refiere al fútbol español, pocos jugadores son tan famosos como Iker Casillas. Jugó su primer partido en un equipo profesional a los 16 años. A continuación condujo a su país a ganar la Eurocopa en 2008 y en 2012. También estuvo en la portería cuando España ganó su único campeonato de la Copa Mundial en el año 2010.

Casillas fue nombrado Mejor Portero del Mundo durante cinco temporadas seguidas. Eso es más que cualquier otro jugador de la historia. También es el único portero en ser capitán de un equipo que haya ganado la Copa Mundial, la Champions League y el Campeonato Europeo. Ganó el título de la Champions League tres veces. También ganó la liga española cinco veces.

Casillas era un portero tan valioso que aseguró sus manos con una póliza de seguros. Su carrera de dos décadas es impresionante. Aún más impresionante es el dominio que tuvo durante todos esos años.

ESTADÍSTICAS DE IKER CASILLAS

 Victorias en partidos internacionales — 69

 Portería imbatida en partidos internacionales — 102

 Total de partidos internacionales de su carrera — 167

 Salvadas en clubes — 1859

La impresionante carrera de Gianluigi Buffon abarca casi tres décadas. Hizo su primera aparición en el equipo nacional italiano sub-16 en 1993 a los 15 años. Hizo su última aparición para Italia en 2018. Jugó en el nivel más alto de Italia durante 21 años seguidos.

Buffon es conocido por tener uno de los mejores juegos en todos los aspectos que el mundo haya visto alguna vez. No tiene puntos débiles como portero. Tiene un gran conocimiento del juego y tiene además reflejos increíbles. Sus manos son de las más rápidas y fuertes del mundo. Esto le permite atrapar los balones que otros porteros solo podrían rechazar con las manos. Estas cualidades lo transforman en alguien imposible de vencer.

Buffon mantiene el récord de la Serie A por la mayor cantidad de partidos seguidos con la portería invicta. Salvó todos los tiros en su contra durante 974 minutos. Eso es más de nueve partidos. Es el único portero que fue nombrado Futbolista del Año de Europa a nivel clubes.

ESTADÍSTICAS DE GIANLUIGI BUFFON

 Victorias en partidos internacionales — 60

 Portería imbatida en partidos internacionales — 77

 Total de partidos internacionales de su carrera — 176

 Porcentaje de partidos con portería imbatida en clubes — 45,6

LEV YASHIN

Lev Yashin era una verdadera fuerza como portero. Jugó un total de 812 partidos en su carrera. Se estima que tuvo 480 porterías imbatidas en esos partidos. Es el único portero de la historia en ganar el Balón de Oro. Este premio reconoce al mejor jugador del mundo. Yashin ganó el Balón de Oro en 1963.

A nivel clubes, jugó toda su carrera para Dinamo Moscú. En 20 años, ganó cinco títulos de la liga. Era conocido por ser rápido y atlético. Sus rápidos reflejos le ayudaron a evitar muchos goles. Con frecuencia usaba esos reflejos para bloquear los tiros de penal. Los tiros de penal son las posibilidades de que un jugador del equipo opuesto haga un tiro a la portería sin defensores. Los tiros de penal se hacen cerca de la portería. Es muy difícil para los porteros parar estos tiros. Yashin atajó 151 tiros de penal en su carrera, más que ningún otro portero de la historia.

Yashin ayudó a Rusia a ganar la medalla de oro en las Olimpíadas de 1956. No solo se lo considera el más grande arquero ruso de todos los tiempos, sino también que muchos lo consideran el portero más grande de todos los tiempos.

ESTADÍSTICAS DE LEV YASHIN

⚽	Partidos jugados en su carrera	812
⚽	Portería imbatida en su carrera	480
⚽	Tiros de penal parados	151
⚽	Total de partidos internacionales de su carrera	78

AÚN MÁS G.O.A.T.

Muchos otros grandes deportistas han jugado como porteros. ¡Con tantos porteros asombrosos en el mundo, incluso más podrían haberse incorporado a esta lista! Aquí hay otros 10 que casi llegan a la lista de los G.O.A.T.

Nro. 11	**BRIANA SCURRY**
Nro. 12	**GORDON BANKS**
Nro. 13	**PETER SHILTON**
Nro. 14	**ANDONI ZUBIZARRETA**
Nro. 15	**NEVILLE SOUTHALL**
Nro. 16	**SEPP MAIER**
Nro. 17	**SARAH BOUHADDI**
Nro. 18	**PETR CECH**
Nro. 19	**SARI VAN VEENENDAAL**
Nro. 20	**ALMUTH SCHULT**

TU G.O.A.T.

Es tu turno de hacer una lista de los G.O.A.T. con los mejores porteros de fútbol. Empieza por investigar. Considera las clasificaciones de este libro. A continuación, consulta la sección Más Información en la página 31. Explora los libros y sitios web para aprender sobre los jugadores de fútbol del pasado y del presente.

También puedes buscar en Internet más información sobre grandes jugadores. Consulta a un bibliotecario, que puede tener otros recursos para ti. Incluso puedes intentar ponerte en contacto con equipos o jugadores de fútbol para ver qué opinan.

Una vez que estés listo, haz tu lista de los mejores jugadores de todos los tiempos. A continuación, pide a tus conocidos que hagan listas de sus G.O.A.T. y compárenlas. ¿Tienes jugadores que nadie incluyó en la lista? ¿Te falta alguno que tus amigos consideren importante? ¡Háblales e intenta convencerlos de que tu lista es la G.O.A.T.!

GLOSARIO

Balón de Oro: un premio presentado por la revista *France Football* al mejor jugador de fútbol masculino del mundo

cap: partido internacional jugado

capitán: el líder oficial de un equipo

contra todo pronóstico: cuando un equipo gana un partido que se espera que pierda

FIFA: un grupo que supervisa el fútbol en todo el mundo

final: el partido que define el campeón de un torneo

ofensiva: los jugadores de un equipo que están intentando marcar goles

portería imbatida: un partido en el que un portero no permite que se hagan goles

reflejo: una acción o movimiento que se hace automáticamente sin pensar

título de la liga: un campeonato en una liga de clubes de un país

MÁS INFORMACIÓN

The Best FIFA Women's Goalkeeper
https://www.fifa.com/fifaplus/en/articles/the-best-fifa-womens
-goalkeeper-finalists-berger-earps-endler

Buckley, James. *Soccer Atlas: A Journey across the World and onto the Pitch.* Plano, TX: QEB Publishing, 2021.

Doeden, Matt. *G.O.A.T. Soccer Teams.* Mineápolis: Lerner Publications, 2021.

Peterson, Megan Cooley. *Stars of Women's Soccer.* Mankato, MN: Black Rabbit Books, 2018.

Sports: Soccer Goalkeeper
https://www.ducksters.com/sports/soccer/goalkeeper.php

The World's Best Goalkeepers
https://everybodysoccer.com/even-the-goalkeepers-like
-to/2020/2/18/the-worlds-best-goalkeepers-2020

ÍNDICE

CRÉDITOS POR LAS FOTOGRAFÍAS

Créditos de las imágenes: Christof Koepsel/Staff/pngimg.com, p.3; Todd Warsha / Stringer/Getty Images, p.4; Paolo Bruno/Stringer/Getty Images, p.5; Zhizhao Wu/ Stringer/Getty Images, p.6; Christof Koepsel/Staff/Getty Images, p.7; Historic Collection /Alamy, p.8; The Picture Art Collection /Alamy, p.9; Staff/Getty Images, p.10; The History Collection/Alamy, p.11; Morne de Klerk/Stringer/Getty Images, p.12; Bradley Kanaris/Stringer/Getty Images, p.13; Rich Lam/Stringer/Getty Images, p.14; Mike Ehrmann/Staff/Getty Images, p.15; Alexander Hassenstein/ Staff/Getty Images, p.16; Martin Rose/Staff/Getty Images, p.17; Laurence Griffiths/ Staff/Getty Images, p.18; Stringer/Getty Images, p.19; Stuart Franklin/Staff/Getty Images, p.20; Laurence Griffiths/Staff/Getty Images, p.21; Gallo Images/Stringer/ Getty Images, 22; Denis Doyle/Stringer/Getty Images, p.23; Alessandro Sabattini/ Stringer/Getty Images, p.24; Pier Marco Tacca/Stringer/Getty Images, p.25; Central Press/Stringer/Getty Images, p.26; Central Press/Stringer/Getty Images, p.27; Nadezhda Shpiiakina/Shutterstock, fondo.

Portada: Christof Koepsel/Staff/Getty Images; Maja Hitij/Staff/Getty Images; Francesco Pecoraro/Stringer/Getty Images; Nadezhda Shpiiakina/Shutterstock